Tiere im Rausch

Frank Schroeder

Tiere im Rausch

mit Illustrationen von
Severin Klisch

Treibgut Verlag

ISBN 978-3-941175-51-8

Impressum

2. Auflage 2014
© 2013 by Treibgut Verlag
Alle Rechte vorbehalten.
Umschlaggestaltung, Layout und Satz:
Frank Schroeder, Berlin
Druck: SOWA

Treibgut Verlag
www.treibgut-verlag.de

INHALT

DER IGEL

Tagtäglich, ohne auszuruhen,
wollt' ein Igel, spitz vor Lust,
ES mit der Frau Igel tun.
Doch Frau Igel hatte Frust.

Nach viel Rotwein und zwei Gin
war Herr Igel angemacht.
Da schob sie ihm 'ne Bürste hin.
„Was, du Weib, hast du gedacht",

lallt der Igel, voll mit Sprit,
„besoffen krieg ich das nicht mit?"

Gleich um die Ecke war's gewesen:
Da bestieg er einen Besen.

DIE KUH

Die buntgescheckte lila Kuh
Lisa liegt am Wiesensaum,
träumt in Wiederkäuerruh
einen irren Hasentraum.

Sie sieht die Hasen fröhlich springen.
Träumt, gar selbst ein Has' zu sein.
Und das wird sogar gelingen!
Der Schlachter kommt. Und ganz gemein

macht er Hackfleisch aus der Lisa.
Dann: Johann Lafer kocht in Pisa

an Rotwein-Jus, auf Kresse-Rasen,
aus Lisa einen - falschen Hasen.

DER SCHWAN

Der Schwan bei seiner Schwanendame
(weil der Nachwuchs war geschlüpft)
fand sich sehr männlich. Ach, der Arme
ist vor Stolz im Kreis gehüpft!

Freund Schwarzstorch sprach zum Jubelfeste:
„Ein Hoch! Auf Schwanrichs Männlichkeit!
Sieben Schwänchen sind im Neste!"
Doch nach und nach, zur Herbsteszeit,

sah ein jeder nur und noch
schwarze Schwänchenfedern. Doch

Freund Schwarzstorch, der den Schwan betrogen,
war längst nach Afrika gezogen.

DIE EINTAGSFLIEGE

Noch war die Nacht nicht ganz vorbei.
Im Schuppen stand die Apfelstiege.
Da schlüpfte aus dem Fliegenei
eine schwarze Eintagsfliege.

Kaum war sie zu sich gekommen,
sah sie das nasse Whiskyglas.
Hat 'nen Schluck zu sich genommen.
Wie das schmeckte! Wat für'n Spaß!

Zwar flog sie torkelnd gegen Wände,
dann ging der Tag. Es kam ihr Ende.

Und doch hat sie es gut getroffen!
Ihr Leben lang war sie besoffen.

DAS KROKODIL

Ein Elefant am Flusse Nil
stapfte einst auf Freiersfüßen
zu 'nem feschen Krokodil.
Betörte es mit Whisky-Grüßen!

Das Krokodil, das auserkoren,
trug 'ne echte Kroko-Tasche!
Schwärmt' seinerseits für große Ohren.
Und auch: Für die Whiskyflasche.

So kam es dann, auf dass es kracht,
zur whisky-schwangeren Liebesnacht.

Das Resultat? Es ist bekannt!
Heißt: Eledil und Krokofant.

DAS SCHAF

Das Mutterschaf Marie-Louise
schlief schlecht ein auf weichem Stroh.
Schlief nicht auf der grünen Wiese -
jahrelang ging das schon so.

Es zählte seine sieben Schäfchen:
eins, zwei, drei, vier, fünf, sechs, sieben.
Wartete so auf das Schläfchen,
doch leider ist es ausgeblieben.

So mag es etwas Rotwein trinken,
um in Morpheus' Arm zu sinken.

Und weil es zählt nun vierzehn Schafe,
klappt es auch mit dem Mittagsschlafe.

DER MARIECHENKÄFER

Die Großfamilie Siebenpunkt
besucht Familie Siebenschläfer,
die leck're kleine Läuse tunkt
in Rotweinsud. „Mein lieber Käfer",

spricht der Siebenschläfermann,
„nach so langem Dauerschlaf
sieht man mir den Hunger an.
Komm! Iss mit und sei kein Schaf!"

Doch Siebenpunkts schon alter Herr,
tut sich mit dem Kosten schwer.

So fragt ihn Meister Siebenschläfer:
„Magst v'leicht erst ma' riechen? Käfer?"

DIE BULLDOGGE

Es streifen die streunenden Straßenköter
in Vollmondnächten durchs Hafenrevier.
Die Bulldogge Hans, ein Schwerenöter,
steht Schmiere am Zaun. Bis gegen vier

in der Frühe erste Hafenarbeiter
der Firma Hensecke Rotweinimport
finden nur leere Flaschen noch. Leider!
Doch hin ist hin. Und fort ist fort.

Die Polizei kommt. Und ganz im Vertrau'n,
sie greifen sich nur die Bulldogge am Zaun.

So, Bürger, vernehmt die alte Kunde:
Den letzten beißen noch immer - die Hunde.

DER TROMPETENFISCH

Ein Sturm! Ein Sturm! Ein Wirbelsturm!
Und hastenichjesehn?
ließ der Sturm am Leuchteturm
'nen Whisky-Schoner unterjehn.

Der Käpt'n trank 'ne Flasche leer,
schrieb tränenreich 'nen Abschiedsbrief
noch schnell an die Amanda Lear
per Flaschenpost im Wirbel-Tief.

Ein Trompetenfischlein, das sie sah,
dachte sich: „Sie da! Sieh da!

Ob ich DIE Post befördern kann?
Amanda war doch mal ein Mann?"

Der Wattwurm

Ein Wattwurm fand am Nordseestrand
eine alte Flaschenpost.
Bald war er außer Rand und Band,
denn was er las, war harte Kost.

Ein Käpt'n schrieb vom Stripteaseclub,
wo er einst die Amanda traf.
Beide: Amanda und der Bub
verhielten sich da gar nicht brav!

Der Wattwurm kriegte rote Ohren.
Und ging dann wieder Löcher bohren.

Der Wattwurm! Der seit der Geschicht'
auch mit gaaanz tiefer Stimme spricht.

DAS DROMEDAR

Ein kriminelles Dromedar
mit seinem riesig großen Buckel
verschrieb sich einst, auf Sansibar,
dem illegalen Whiskyschmuggel.

Es soff so manchen Hektoliter
Whisky, bis der Höcker voll.
Grinste fröhlich, trabte bieder,
täuschte so den Inselzoll.

Sodann in Flaschen, welch ein Graus,
pisste es den Whisky aus.

Drum schmeckt er etwas sonderbar.
Wie Whisky halt - aus Sansibar.

Das Eichhörnchen

Mühsam nährt sich das Eichhörnchen,
hüpfend nur von Ast zu Ast.
Hier ein Nüsschen, da ein Körnchen,
da wird das Leben schnell zur Last!

Erschöpft greift es zum Alkohol,
zum selbst gebrannten Nusslikör.
Dem Eichhorn ist dann gar nicht wohl:
In seinem Kopf, da dreht es sehr.

Dann hat's, vom Nusslikör beseelt,
beim Sprung den rechten Ast verfehlt.

So holte sich das Eichelhörnchen
ein schönes Hörnchen an sein Birnchen.

DIE KATZE

Zerzaust und mit verlaustem Fell
schrie die graue Katze Eleonore,
die alte Jungfer, schräg und grell
von der höchsten Hausempore

eines steilen Daches letzter Zinne.
Wünscht' sich einen scharfen Kater!
Rief nach Liebe, Sex und Minne!
Doch schon der Wunsch war ein Desaster.

Traurig holt sie eine Flasche
Rotwein aus der Einkaufstasche.

Und tags darauf, Gott!, Heil'ger Vater!,
hat sie endlich: einen Kater.

DER SPATZ

Der PRATER, jene Freiluftkneipe,
- und die Geschichte, die ist wahr! -
diente einst als Edelbleibe
einer frechen Spatzenschar.

Nachdem ein Spatz einmal probiert,
wie so ein Rest von Whisky schmeckt,
hat länger er sich nicht geziert
und den Suff für sich entdeckt.

So wird für ihn der Alk' zur Plage.
„Wo steckt er?", heißt der Spätzin Frage.

Die Wahrheit reißt sie von den Beinen.
Ihr alter Spatz! Der zwitschert einen.

DIE RIESENSCHLANGE

Am andern Ende dieser Welt
lebte eine Riesenschlange
in 'nem Zuckerschotenfeld.
Nicht erst seit gestern. Schon recht lange!

Gestern sie 'ne Flasche fand.
Sie wand sich hin, sie wand sich her,
soff sich voll bis an den Rand.
Kroch durch sich durch - das war nicht schwer!

Doch wo ist vorn? Und wo ist hinten?
Das war im Rausch nicht rauszufinden.

Und in dem Feld voll Zuckerschoten
krepierte sie. Am Doppelknoten.

DIE SCHNAPSDROSSEL

„Verkostungstag für leck're Tröpfchen!"
So stand es auf dem Werbeschild.
Auch eine Drossel nippt ein Schöppchen
und krächzt darauf ein trunken Lied.

Zurück fand sie den Weg nicht mehr.
Nur noch zu Amselfreundins schickem Nest
torkelte sie hin und her.
Hat sich noch mit reingepresst.

Tief nachts, im noblen Amselhaus,
kotzt sie den ganzen Rotwein aus.

Drum: Kommt ein trunkner Freund zur Ruh',
bleib still! Lass deine Haustür - zu.

DAS HAUSSCHWEIN

Mit einem schnellen Bolzenschuss
macht Fleischermeister Lauer
mit des Ebers Leben Schluss.
Die Sau darob verfällt in Trauer.

Denn der schmucke, geile Eber,
die große Lieb' in ihrem Leben,
ward Wurst von Schinkenspeck und Leber
und herrlich Wildpastete. Eben

heulte sie: „Ich arme Sau!"
Vor Gram soff sie sich grün und blau.

Wieder nüchtern hat sie sich gesagt:
„ICH leb' noch!" (Noch mal Schwein gehabt.)

DIE WEINBERGSCHNECKE

Steil lag der Hang mit seinen Reben.
Die Weinbergschnecke musste schnauben.
Im Schneckentempo galt ihr Streben
den taubenetzten roten Trauben.

Ein Tagesmarsch von A nach B.
Schon lutscht sie an der edlen Beere,
die, obergärig schon, oh weh!,
ihr schnellstens den Verstand entleere!

Sie macht an einer Rebenhecke
ein Dutzend Trauben wohl zur Schnecke.

So abgefüllt heißt diese kesse
Grill-Schnecke nun: Delika Tesse.

DER WOLF

Der Wolf, der fiese Käppchenfresser,
lag mal wieder auf der Lauer,
fand es aber schließlich besser,
sagte sich: „Es ist doch schlauer,

wenn dem rot-bekappten Mädel
und der alten, zähen Oma
schlage ein ich nicht die Schädel.
Saufe lieber mich ins Koma

mit dem Rotwein aus dem Körbchen!
Fress' dazu die Sahnetörtchen!"

Er schnarcht darauf. Laut und entsetzlich.
Grimms Jäger kommt. Erschießt ihn letztlich ...

DER ZITRONENFALTER

Eines Tags ein Schmetterling,
ein wohlgeschwung'nes Pfauenauge,
kräftig einen schmettern ging.
Bald lallt er schon: „Ich sauge! Sauge

am Traubenkraut Ambrosia auch.
Ich liebe den Zitronenfalter!
Hab Schmetterlinge wohl im Bauch
Ich bin verliebt! Total! Ey, Alter,

ich schenke bald schon einen Ring
diesem süßen, süßen Ding."

Nach ersten Küssen war er schlauer.
Der süße Kerl war - richtig sauer.

DER HOLZWURM

Im Eichenholz, im Whiskyfass,
bohrt jahrelang stets links herum
der Holzwurm. Der ist wirklich krass!
Fragt sich täglich wohl, warum

er da auf dem Holzweg ist.
Er schafft keinen Millimeter!
Schreit aus sich heraus: „So'n Mist!"
Doch es hilft ihm kein Gezeter.

Bohrt links herum, so sehr er kann.
Und kommt und kommt doch nicht voran,

wie er sich auch beim Bohren schinde.
(Sein Bohrer hat ein Rechtsgewinde.)

DAS STACHELSCHWEIN

Das Stachelschwein, im tiefsten Suff,
(nur weil es keine Liebste fand)
geht in Potsdam in den Puff.
Dort ist man außer Rand und Band,

denn der Stacheln große Fülle
behindert jeglichen Vollzug.
So shaved man seine Stachelhülle,
doch leider ist das nicht sehr klug.

Weil: Im Falle dieses Falles
shaved der Ladyshaver alles,

was da steht, in voller Pracht.
Nie mehr folgt nun 'ne Liebesnacht.

DER KLAPPERSTORCH

Mädels sollen Kinder kriegen!
Doch bleibt der Storch in seinem Nest.
Hat keinen Bock noch rumzufliegen.
Whisky would be just the best!

Wohin das letzte Kind noch tragen?
Herrje, mit seinem spitzen Schnabel
wollt' die Akten er nicht fragen.
Fragt er halt das Schnapsorakel.

So wurde Opa Bresenkutter
mit achtzig Jahren – junge Mutter!

Und weil ein Arzt ihm glaubt das nie,
sitzt er jetzt in der Psychiatrie.

DER DACHS

Der Dax ist heut' nicht zu genießen!
Auch sein Umfeld läuft nur schwach.
Der Dow, der Nasdaq, die Devisen,
alles nur auf Ach und Krach.

So weit auf Talfahrt war er nie.
Der Grund? Die Immobilienblase.
Erkältet! Dax ging in die Knie,
und ganz verschnupft klingt auch die Nase.

So geht der kränkelnd schwache Dax
zu Onkel Doktor Goldman Sachs.

Der rät: „Nach Whisky du dich strecke!"
Schon schießt er wieder durch die Decke.

DER PAVIAN

Wer ewiglich dem Alkohol
verfallen ist bei Nacht und Tag,
lallt: „Hoch die Tassen! Auf mein Wohl!"
Denjenigen erkennen mag

ein jeder an der Säufernase,
die weithin leuchtet. Dunkelrot.
Und läuft nicht Schnaps in hohem Maße,
dann herrscht im Hause größte Not.

Der Fratzenknubbel scheint purpur!
Bei manchem tönt schon zartes Blau! Nur

der Pavian schreit: „Whisky! Marsch!"
Und säuft sich einen roten ..... Po.

DAS SUPPENHUHN

Es war einmal ein Hühnerstall.
Historisch war dort der Verdruss!
Der alte Bauer kam zu Fall,
fiel über seinen eigenen Fuß.

Mit ihm fiel ein Whiskyglas.
Ein Suppenhuhn rief: „Hört mal her!
Das ist der beste Hühnerfraß!
Ich schwöre euch: Das schmeckt gar sehr!"

Das Huhn hat so die kleinen, runden,
Whisky-Eier einst erfunden!

Seither fehlen bei keiner Feier
frisch gelegte Whisky-Eier.

DER PAPAGEI

Schon als der Kerl ganz klein noch war,
konnte er ganz weibisch zetern,
legte sexmal täglich neu sein Haar
und protzte mit den bunten Federn.

Sein grell verziertes Federkleid
fiel transvestitisch aus dem Rahmen
und sorgte stets für großen Neid
selbst bei echten Vogeldamen.

Im Whiskyrausch hat man mit Macht
mit der Verwirrung Schluss gemacht.

Per Skalpell schnippschnapp, mit viel Geschrei,
wurde aus Papa- so: ein Mamagei.

DER FROSCH

Ein Angler saß an einem Teiche.
Es war schon Abend, ziemlich kalt,
schon zogen Nebel aus dem Reiche
der Geister aus dem nahen Wald.

Ein Cognac half gegen das Frieren.
Ein Frosch schlich durch den Nebelhauch,
um still vom Cognac zu probieren.
Dann blies der Frosch die Backen auf.

Doch durch den Blick zu tief ins Glas
traf er nicht ganz das rechte Maß.

Und flog davon.
Als Luftballon.

DAS FLUSSPFERD

Als das Flusspferd aus dem nahen Zoo
vierzig wurde, (Midlife Crisis),
sagt' es sich: „Jaja, soso,
jetzt oder nie! Denn keiner weiß es,

wie lange noch mein Leben währt!
Aufgeputscht mit Rotwein-Punsch,
noch eh der mir im Darme gärt,
erfüll ich mir den größten Wunsch

und zeig auf der Galopprennbahn,
den anderen Pferden, was ich kann!

Der Sieg ist mein!" Im Fall der Falles:
Der Sieg ist nichts! Teilnahme alles.

DER FUCHS

Um ihre Freundschaft zu begießen
ging mit rotem Wein im Korbe
Meister Lampe von den Wiesen
in den Wald. Zum Fuchs. Ohn' Sorge.

Spät, mit rotgesoff'ner Nase,
nur der runde Mond hielt Wacht,
wünschten schwankend Fuchs und Hase
liebevoll sich gute Nacht!

Allerdings - der nächste Morgen
bringt dem Hasen größte Sorgen.

Denn nüchtern, hungrig, fleischversessen
wurde vom Fuchs er aufgefressen.

DER NACHTFALTER

Nachtfalter Georgs letzter Flug
ging flatternd zu 'ner Happy Hour.
Wo sich folgendes zutrug:
Es lag viel Rotwein auf der Lauer.

Was jeder Falter kann verstehn,
und was ihn sehr ins Torkeln brachte:
Auf einem Bein kann man nicht steh'n.
Jedoch: Er hat der Beine achte!

Die Fledermaus, die ihn dann fing,
sprach ganz verzückt: „Welch köstlich Ding!

Nie mehr beiß' ich 'nen Frauenhals.
Nur noch Nachfalter. Gott erhalt's!"

DER SPECHT

Der Specht, der hämmert wie besessen.
Sein Kopf brummt! Er ruft: „So ein Mist!"
Vor Schmerz hat er schon ganz vergessen,
was gegen Schmerz zu machen ist.

Damit er ihn nicht länger hätte,
klopft er ein Loch ins Whiskyfass.
So nimmt er keine Schmerztablette,
er säuft nur von dem edlen Nass.

Man sieht: Aus einem Hämmerspecht sodann
wird ein Schluckspecht dann und wann!

Doch nächsten Tages, dass Ihr's wisst,
sein Kopfschmerz noch viel größer ist.

DIE AMEISE

Drei A-Meisen im Rotweinkick
eifern eifrig um die Wette,
wer als VIP und Super-VIP
mehr zu gelten hätte.

„Du bist doch höchstens noch C-Meise",
lallt A-Meise über'n Tresen.
Und die andre rülpst ganz leise:
„Bin B-Meise stets gewesen."

Der Wirt kommt an den Tisch. Spricht: „Hey,
ganz ehrlich, ohne A, B, C,

ihr habt doch wohl 'ne kleine Meise?
Ihr redet nur gequirlte ..... Kacke!"

DER UHU (russisch: Filin)

Am Tage schläft der UHU immer.
Belastet kaum auch seine Leber.
Doch nachts treibt er es schlimm und schlimmer,
schnüffelt stramm am UHU-Kleber.

Ruft jede Nacht: „UHU! UHU!
AHA! OHO! OHO! AHA!
Hui! Bin ich heut' wieder zu-
gedröhnt! Was ist das für 'ne Flasche da?"

Er säuft den Wodka Gorbatschow.
„OHO!", kreischt er nun ganz entsetzlich. „Wow!"

Bekommt's nun auch in russisch hin.
Lallt Tag und Nacht: „Filin! Filin!"

DAS CHAMÄLEON

Für Wechselfälle dieses Lebens
ist das Chamäleon gemacht.
Tarnung ist der Sinn des Strebens
dieses Urviehs. Schnell entfacht

der grüne Pfefferminzlikör
seine grüne Farbe. Schlimmer
scheint's nach dem Verzehr
von Unmengen Rotwein immer.

Von Rot zu Gelb hilft höchstens noch
ein Fläschchen Sanddornschnaps. Jedoch

wie es auch auf den Putz noch hau',
am Ende ist und bleibt es: blau.

Frank Schroeder im Treibgut Verlag

Die Eisumschlungene - Spurensuche in Island
Dokumentarerzählung, 160 S., 38 Farbfotos,
Format 22 x 24 cm, Leinen, geb. mit Schutzumschlag
ISBN 978-3-941175-45-7 / Preis: 12,30 Euro

Island 1908: Eine Expedition sucht nach zwei deutschen
Wissenschaftlern, die in der unerforschten Vulkangegend des
Askja-Kraters verschwanden. Mit dabei ist Ina von Grumbkow,
die Verlobte eines der Verschollenen.
Knapp 100 Jahre später: Frank Schroeder begibt sich auf die
Spurensuche, um das Geheimnis um die beiden Männer zu lüften.
War es ein Unglücksfall? Oder war es Mord? Ina von Grumbkows
Tagebücher begleiten den Autor auf seiner abenteuerlichen Reise ins
Innere Islands, ebenso isländische Märchen, Mythen und Gedichte.

Ausführliche Informationen und Bestellung unter:
www.schroederfrank.de
www.treibgut-verlag.de

TIERE IM RAUSCH

und Wein- oder Whisky-Krimis live!

In Schroeders Weinkellern spielt sich wahrhaft Schauriges und Furchtbares ab. Mäuse im Delirium huschen über vermoderte Balken, Leichen werden in alten Weinfässern entsorgt. Und woher stammen die seltsamen Flecken auf dem Kellerboden? Ist es Rotwein? Oder Blut? Überraschende Lösungen halten die wein-kriminellen Kurzgeschichten von Frank Schroeder bereit. Dazu gibt es ausgesuchte Weine und Spirituosen - eingeschenkt und verkostet von Róman Noack!

Alle Termine unter: www.crimeandwine.de